アレンジ＆クリエイティブ
アイスコーヒー

名店・人気店のレシピとニュースタンダード **123** 品

旭屋出版

Arrange & Creative Iced Coffee

CONTENTS

Iced Coffee>>>005

Soda Arrange>>>041

Milk Arrange>>>069

Shakerato>>>105

Frozen Arrange>>>111

Coffee Mocktail>>>133

本書をお読みになる前に

◆本書は月刊誌「CAFERES」（小社刊）2017年6月号、2018年7月号、2019年6月号・7月号・11月号・12月号で掲載した記事を加筆・訂正し、新たに取材したアイスコーヒーを合わせてまとめたものです。

◆本書で紹介しているアイスコーヒーは、現在お店で提供していないものや季節限定メニューなども含まれています。

◆適量とあるものは、お好みの分量をお使いください。グラスによって分量の調整が必要な場合もあります。

◆掲載店の営業時間や定休日などのデータは、2020年4月現在のものです。

Part 1

Iced
Coffee

日本人に親しまれているアイスコーヒー。
ハンドドリップコーヒーや水出しコーヒー、エスプレッソなどの抽出法の違い、
シロップやフルーツ、クリームなどの素材でアレンジを加えた31品を紹介します。

ブラン・エ・ノワール

珈琲だけの店 カフェ・ド・ランブル

コーヒーが苦手なお客のために作った
スイーツのようなアレンジコーヒー

　東京・銀座『カフェ・ド・ランブル』の名物の一つが、創業時から提供し続けているアレンジコーヒーの「ブラン・エ・ノワール」だ。メニュー名はフランス語で「白と黒」を意味しており、アイスコーヒーとその上にのったエバミルクを表している。

　美しい2層の形は、比重のバランスでできている。コーヒーにグラニュー糖が入ることで重くなり、自然とエバミルクと

コーヒーが2層に分かれる。エバミルクは無糖練乳のことで、生クリームだと乳脂肪分が強く、コーヒーの良し悪しが分かりにくくなると考え、このエバミルクを使っている。

　元々はコーヒーが飲めないお客向けに作ったものだが、現在は老若男女に人気の高い名物アイスコーヒーとなっている。甘さのある味わいはコーヒーというよりもスイーツのようで、夏のみならず通年注文を受ける商品だという。

< 材料（1杯分）>
コーヒー豆
（ミディアムロースト・中粗挽き）…18g
コーヒー（抽出量）…50mℓ
グラニュー糖… 小さじ2杯
エバミルク… 適量

< 作り方 >

1. ネルは起毛している方を外側にして使う。挽いたコーヒーの粉を入れ、85℃ほどの湯を途切れそうな細い湯柱で、中央に湯を入れ、外側に向かって円を描くように湯を注いでいく。ポットを持つ手ではなく、ネルを持つ手を動かす。

2. 1湯目のコーヒーが落ちる間にコーヒーの粉が蒸らされる。フランネルの下からコーヒーがしみだして来たら、再び湯を落とす。これを抽出量に達するまで繰り返す。

3. 抽出したコーヒーに小さじ2杯のグラニュー糖を加え、混ぜ合わせる。

4. シェーカーに3のコーヒーを入れ、シェーカーごと氷の上に置いて手で左右に転がして冷やす。シェーカーを転がす手がしっかりと冷たさを感じるまで冷やし続ける。

5. あらかじめ冷蔵庫で冷やしておいたシャンパングラスに、4のコーヒーを注ぐ。コーヒーの表面に泡があれば爪楊枝などでつぶしておく。

6. 5のコーヒーの上に、グラスの縁をつたわせながら静かにエバミルクを注ぐ。

コロンビアの豆をベースに、タンザニア・エチオピア・ケニア・ブラジルの5種類の豆を混ぜたブレンドを使用。

ハニーコールドコーヒー

カフェ・バッハ

グラスにはあらかじめ氷を入れ、コーヒーの入った
ピッチャーとミルクを添えてお客へ提供する。お客
自身にコーヒーを注いでもらうスタイルだ。コーヒー
を注ぐときは氷に当てながら入れると良い。『カフェ・
バッハ』では、アイスコーヒーを飲み終わるまで氷
が溶けないように、製氷機でできた氷を別の冷凍庫
でさらに冷やし固めて使用している。

ハチミツの優しい甘さが
コーヒーの風味を引き立てる

『カフェ・バッハ』が夏に提供している「ハニーコールドコーヒー」は、苦味のある深煎りのアイスコーヒー用ブレンドをペーパードリップで抽出し、ハチミツと合わせたもの。

バッハのアイスコーヒーは基本的に甘味を加えていないため、バリエーションの一つとして甘味のあるアイスコーヒーを作ろうと、ハニーコールドコーヒーを考案した。ハチミツは冷たいコーヒーでは溶けにくいので、温かい状態で混ぜ合わせ、最後に氷で冷やす。使用するハチミツはコーヒーの風味を消さないよう、個性的な味わいのものは使わないのが味づくりのポイント。

コーヒーは通常よりも挽目を細かくし、粉の量を増やす。湯温を高く、細い湯柱で抽出し、抽出量も少なめにとる。氷で薄まることと、ハチミツと合わせることを考え、苦味が強く、濃度の高いコーヒーになるように抽出を行う。

<材料（1杯分）>
コーヒー豆　（深煎り・中細挽き）…16g
コーヒー（抽出量）…100mℓ
ハチミツ… 大さじ1杯
氷…適量
ミルク…適量

<作り方>
1. ドリッパーにペーパーフィルターをセットし、中細挽きにしたアイスブレンドを入れる。軽くドリッパーをたたき、コーヒー粉の表面を平らにならす。
2. 88℃の湯を中心から外側に向かって「の」の字を描くように、湯を注ぐ。全体を湿らせる程度の湯量にする。壁面のペーパーフィルターに湯をかけないように注意する。
3. そのまま30秒ほど蒸らす。理想はドーム型に丸く膨らんだ形になる。
4. 細い湯柱で中央から再び、「の」の字を描くように湯を注ぐ。
5. 中央がへこんできたら、再び「の」の字を描くように湯を注いでいく。これを抽出量に達するまで繰り返す。
6. 小鍋に大さじ1杯のハチミツを入れ、そこに抽出したコーヒーを加え、火にかけながら混ぜ合わせる。終わったらピッチャーにコーヒーをうつす。氷の入ったグラス、ミルクを添えて提供する。

イタリアブレンドをベースとした、深煎りアイスコーヒー用のブレンドを使用。イタリアブレンドはブラジルをメインにケニヤ・インドなどの豆をブレンドしている。

コールド・コーヒー

珈琲専門店 東亜

クリーミーな泡立ちが新感覚！
口当たりと味の良さが評判に

1959年創業の㈱トーアコーヒーは、品質の高いコーヒーを追求し、豆の買い付け・焙煎・販売を手掛ける。2000年からは、スペシャルティコーヒーとカップ・オブ・エクセレンスのコーヒー豆の取り扱いを開始。世界中の優秀な生産者から生豆を継続して購入することに取り組み続けている。

『珈琲専門店 東亜』は、1980年にオープン。高品質なコーヒーを提供する一方で、オリジナルの名物アイスコーヒーも

ファンが多いメニューだ。2013年に真壁晋一店長が開発した「コールド・コーヒー」もその一つ。口当たりの良いアイスコーヒーを目指し、シェーカーを使った提供法を考案。コーヒーはトーアコーヒー独自の化繊フィルターを使用し、フレンチプレスのようにコーヒーオイルも抽出する。ハチミツ入りのガムシロップは風味が良く、アイスコーヒーのおいしさを引き立てる。

< 材料（1杯分）>
コーヒー豆（深煎り・細挽き）…12g
コーヒー（抽出量）… 100mℓ
氷…3個
ガムシロップ（ハチミツ入り）…適量
生クリーム… 適量

< 作り方 >
1. ドリッパーに円すい型の化繊フィルターをセットし、細挽きの粉を入れる。ゆすって表面を平らにし、中央にくぼみをつける。
2. 粉の中央に湯を注ぐ。粉全体に湯が行き渡るように注湯する。味をしっかりと出すため、長めに45秒蒸らす。
3. 2湯目以降は中央から周りへゆっくりと注湯する。4回に分けて100mℓを抽出する。
4. シェーカーに氷を入れ、抽出したコーヒーを注ぎ、シェイクする。
5. 冷蔵庫で冷しておいたグラスにゆっくりと注ぎ入れる。

備長炭でローストする深煎りの「手づくり炭焼き珈琲」。ブラジル・グァテマラ・ニカアグア・エルサルバドルの豆をブレンド。ビターで深いコクと甘さ、後味のキレの良さが特徴。

ダッチコーヒー

珈琲専門店 東亜

コーヒー専門店が男性中心の時代に
女性が楽しめる商品を考案

　1975年から提供するロングセラーの名物アイスコーヒー。当時はコーヒー専門店の客層は男性が中心で、アイスコーヒーは苦味のあるタイプのものが主流だったという。そうした中、代表取締役社長の浅野孝介さんが女性が楽しめるコーヒーをと考案したのが、この「ダッチコーヒー」だ。

　味づくりの面では水出しコーヒーにすることで、すっきりとした味わいに仕上げ、シュガーシロップを加えて甘味をつ

け、飲みやすさを工夫した。さらに、ビジュアル面も女性が喜ぶ仕掛けを施す。カクテル用のシュリンプグラスを使用し、下のグラスにはシロップで青く色づけした水を注ぎ、上のグラスに注いだアイスコーヒーと生クリームとのコントラストを楽しませている。アイスコーヒーのおいしさに加え、カクテルのような華やかさが付加価値となり、長年、ファンを掴んでいる。

<材料（1杯分）>
水出しコーヒー（※1）…110㎖
シュガーシロップ…10㎖
生クリーム…15㎖
かき氷用シロップ…適量
浄水…適量　　氷…適量

<作り方>
1. 2つのグラスを重ねたカクテル用のシュリンプグラスを使用。下のグラスにかき氷用シロップ、氷を入れ、浄水を注ぎ、上のグラスをのせる。シュガーシロップを加えて水出しコーヒーを注ぐ。
2. コーヒーとシュガーシロップをしっかりとかき混ぜ、コーヒーの比重を重くし、スプーンを使って表面に生クリームを注ぐ。

※1　水出しコーヒー
<材料（1回の仕込み量）>
コーヒー豆（深煎り・細挽き）…50g
浄水…500ml

<作り方>
1. 化繊フィルターをろ過器にセットする（化繊フィルターは使用後、専用の漂白剤を加えた湯で煮沸し、汚れを落としてから浄水に浸して冷蔵保管する）。
2. ロートの中に水洗いした化繊フィルターをセットし、細挽きにしたコーヒーの粉をロートに入れる。
3. 木ベラで粉の隙間を詰めてから表面を平らにならし、ロートの形に丸く切ったペーパーフィルターで覆う。こうすることで点滴が一点に集中することなく、粉全体に浸透する。
4. ロートと水500㎖を入れたフラスコをセットし、コックをひねって水量を調節。3秒で水が一滴落ちるのを目安にする。
5. 6時間かけて抽出する。抽出量は450㎖。水出しコーヒーの注文の多い夏場は、コーヒー豆100gと浄水1ℓを使用し、一晩かけて抽出する。抽出量は940㎖。

エスプレッソ
サンセット

Coniglio

<材料（1杯分）>
エスプレッソ…30㎖
オレンジジュース（果汁100%）…130㎖
ザクロシロップ…10㎖
レモンシロップ…15㎖
ロックアイス…適量
ドライオレンジ…1枚

<作り方>
1. 中深煎りのブレンド豆20gで、エスプレッソ30㎖を抽出する。
2. ロックアイスを入れたグラスに、ザクロシロップ、レモンシロップを入れ、オレンジジュースを静かに注ぐ。
3. エスプレッソを注ぎ、ドライオレンジを飾る。

ビジュアルも喜ばれる
カクテル系アレンジコーヒー

テキーラサンライズからインスピレーションを得た、カクテル風のアレンジアイスコーヒー。オレンジジュースとの相性の良さを考え、エスプレッソに使う豆は浅煎り～中深煎りを選ぶのがおすすめ。オレンジジュースは果汁100%を使用すると、よりエスプレッソのビター感とマッチする。

Point

ザクロシロップの赤色、オレンジジュースの黄色、エスプレッソの茶色の3層をきれいに出すため、静かに注いでいくのがポイント。

ESPルシアン

Coniglio

<材料（1杯分）>
エスプレッソ…30㎖
生クリーム…30㎖
砂糖…5g
丸氷…1個

<作り方>
1. 中深煎りのブレンド豆20gで、エスプレッソ30㎖を抽出する。
2. 生クリームに砂糖を加え、軽くホイップする。
3. 丸氷を入れたグラスにエスプレッソを入れ、2を静かに注ぐ。

エスプレッソ本来の味わいを感じられる
シンプルなアレンジ

ウォッカとコーヒーリキュールで作るカクテル「ホワイトルシアン」から着想した。一瞬角が立つ程度にフォームした生クリームは口当たりがなめらか。飲むと生クリームを通って下層のエスプレッソが口の中に入り、しっかりビターな味わいが心地よい。生クリームにはほんのり甘味がついている。

Point

生クリームはシルキーな口当たりにするため、完全にホイップする前に泡立てを止める。

アイスオレンジ
ショコラカフェ

CAFE LE PIN 大須店

<材料（1杯分）>
エスプレッソ…50㎖
スチームミルク…70㎖
オレンジソース…30g
マーマレードジャム…大さじ1
クラッシュアイス…適量
チョコレート（粗く砕いたもの）…小さじ1

<作り方>
1. エスプレッソ用の深煎りブレンド豆7g
   を使ってエスプレッソ50㎖を抽出し、
   オレンジソースと混ぜ合わせる。
2. グラスの底にマーマレードジャムを入
   れ、クラッシュアイスを入れる。1を注ぎ、
   固めにスチームしたミルクをグラスの縁
   まで入れる。
3. チョコレートをトッピングする。

固めにスチームしたミルク、
エスプレッソ、オレンジの3層仕立て

過去に提供して好評だった季節メニュー。背の高いグラスに、マーマ
レードジャム、オレンジソースを混ぜたエスプレッソ、スチームミルク
クを3層に重ねた。ミルクは通常よりもやや固めにスチームしておく
と、層が崩れず、トッピングのチョコレートチップも沈みにくい。

Point

どっしりとしたコク・うまみ・
苦味を持つ深煎りのエスプ
レッソに、柑橘の香りが爽
やかなオレンジソースを合
わせることで、夏らしい軽
やかさが生まれる。

ヴァージン・コールドブリュー・マティーニ

CITADEL

< 材料（1杯分）>
コールドブリューコーヒー…30ml
クランベリーシロップ…45ml
レモネードシロップ…15ml
ラベンダーシロップ…5ml
ロックアイス…適量
ドライレモン…1枚

< 作り方 >
1. ロックアイスを入れたミキシンググラスに、コールドブリューコーヒー、クランベリーシロップ、レモネードシロップ、ラベンダーシロップを注ぎ、しっかり攪拌する。
2. ロックアイスを入れたグラスに1を注ぐ。見た目の華やかさと、飲んだ時にほのかにフレーバーを感じさせる意図でドライレモンを添える。

コーヒーであることを忘れさせる爽快感

コールドブリューコーヒーのすっきりとした味わいを昇華させる自家製レモネードシロップが味わいの決め手。コーヒーの苦味よりも、酸味や甘味が際立ち、ジュース感覚で飲める一杯だ。ラベンダーシロップを入れることで、ひと口目から果実全般の香りが華やかに広がる。

Point

コールドブリューコーヒーの抽出は浸透式。中煎りの豆を使い、豆の量1に対し、水の量は10とし、24時間かけて冷蔵庫で抽出する。

コーヒー花茶
（ブロッサムティー）

LiLo Coffee Kissa

<材料（1杯分）>
湯…100g
ブロッサムティー（茶葉）…2.5g
レモンシロップ…5g
レモンスライス…1枚
キューブアイス…適量

<作り方>
1. アメリカンプレスに湯を入れる。
2. ブロッサムティー（茶葉）を入れ、
   2〜3回ほど揺らしてなじませる。
   3分半かけて抽出する。
3. グラスにレモンシロップ、レモン
   スライス、キューブアイスを入れ、
   2を注ぐ。

コーヒーの木に咲く
花の存在を知ってもらう

コーヒーの木に赤い実がなることは知る人も多いが、花が咲くことは
意外と知られていない。そうした花の存在と、その花を用いた飲料が
あることを伝えるためにメニュー化した。ジャスミンに似たすっきりと
した風味を損なわないよう、自家製シロップでほのかな甘味を加える。

Point

コーヒーの花で作るブロッ
サムティー（茶葉）は鹿児
島県徳之島のコーヒー農園
『宮出珈琲園』から取り寄せ
ている。

水出しコーヒー

LiLo Coffee Kissa

<材料（1杯分）>
水出しコーヒー…150mℓ
キューブアイス…適量
バニラアイスクリーム…1スクープ

<作り方>
1. グラスにキューブアイスを入れる。
2. 抽出後に冷蔵庫で冷やしておいた
   水出しコーヒーを注ぐ。
3. バニラアイスクリームをのせる。

ひと手間加わる水出しコーヒーと
オリジナルアイスの組み合わせ

コーヒー豆の味を引き出すのに水出し抽出だけでは不十分と考える同店では、湯で粉を蒸らしてから抽出している。使用する豆は深煎りの「エチオピア アリチャ」。プラス料金で楽しめるトッピングのバニラアイスは「コーヒーの風味を損なわず、そのまま食べてもおいしいものを」とパティシエとともに開発したオリジナルだ。

Point

抽出マシンに粉をセットし、97℃の湯を5回ほど注いで蒸らした後、水出し機能を持つ同マシンで抽出する。

Iced Coffee

17

Iced Coffee

コールドブリュー

NIYOL COFFEE

<材料（1杯分）>
コールドブリューコーヒー…120㎖
ロックアイス…適量

<作り方>
1. 豆45ｇに対し、600㎖の水を入れ、500㎖抽出する。抽出時間は6時間。
2. ロックアイスを入れたグラスに注ぐ。

コーヒーの〝一番絞り〟を
ロックで味わう

いわゆる水出しコーヒーだが、日本ではほとんど見かけない外国製の点滴式の水出し器具を用いて抽出しているのが特徴だ。点滴式の水出し抽出は、浸透式よりもコーヒーの苦味、酸味、余韻の甘味それぞれのエッジが立ち、強いボディを求めるアイスコーヒー好きからも評判。ウイスキーと同じ考え方で、氷に注ぐことで香りがより華やかに開く。

Point

韓国のメーカーから、現地に住む友人を介して特別に手に入れることができた点滴式の水出し器具「Coffeega」。1日に2台の器具で1ℓしか作れないため、提供は数量限定。

Wブラック

presto coffee

<材料（1杯分）>
エスプレッソ…60㎖
水出しコーヒー…150㎖
キューブアイス（シェーク用）…適量
キューブアイス…4個

<作り方>
1. 中深煎りのブレンド豆22gを使い、エスプレッソ60㎖を抽出する。
2. シェーカーにエスプレッソとキューブアイスを入れてシェークする。
3. グラスにキューブアイスと、あらかじめ抽出しておいた水出しコーヒーを入れて、2を注ぐ。

水出しコーヒー＋シェケラートが合体！
黒ビールのような見た目も話題に

過去に限定で提供し、「黒ビールのよう」と話題を呼んだアイスコーヒー。スッキリとした透明感のある水出しコーヒーに、エスプレッソをシェーカーで振ったシェケラートを注いで作る。印象の異なる2種類の抽出により、コーヒーの奥深さを感じさせる一杯。

Point

シェーカーで振ったクレマの層を、ビールの泡に見立てた。水出しコーヒーの飲みやすさと、シェケラートの満足感を同時に味わえる。

ナイトロ コールドブリュー

TRUNK COFFEE & CRAFT BEER

爽快さの中に、
豆のまろやかさ＆甘味が際立つ

水出しコーヒーに窒素を注入し、お客の目の前でグラスに注ぐ「ナイトロ」。豆は日替わりのシングルオリジンで、取材時はアフリカ産の「ヤンダロ ブルンジ」。柑橘系の酸と黒糖のような甘味が特徴だ。窒素により豆のまろやかさと甘味が際立ち、シュワッとした爽快感が加わる。これにバーボンやダークラムを加えたカクテルも好評。

20

ドラフトアイスコーヒー

Goodman Coffee

昼下がりに黒ビール感覚で一杯。
きめ細かい泡で口当たりまろやか

専用サーバーを使用し、アイスコーヒーに泡をのせた「ドラフトアイスコーヒー」。珍しさとマイルドな味わいで好評を博し、人気メニューとなっている。苦味のあるアイスコーヒーが、クリーミーな泡と一緒に飲むことで、不思議と甘く感じる。ストローは使わず泡から飲んでもらうのを推奨している。豆は「アイスコーヒー」用にブレンドしたブラジル、マンデリン、ロブスタ種少々を、深煎りのイタリアンローストで。

シェイクドアイスコーヒー

NEUTRAL COFFEE

シェイクすることで
ビールの泡を思わせる優しい口当たりに

通常よりやや濃い目にドリップしたコーヒーを、氷を入れたシェイカーでアイシング。シェイクすることで空気と密に混ざり合い、なめらかな口当たりのフォームが生まれる。味わいも優しく、丸みがある印象だ。夏向けに開発し、好評を受けて定番化した。コーヒー豆はアイスコーヒーに使用する中深煎りのオリジナルブレンド「コクマロブレンド」。風味、香りはしっかりと感じられるが、まろやかな味わいに仕上げている。

バレルエイジドコールド ブリュー

スターバックス リザーブ® ロースタリー 東京

オン・ザ・ロックのように楽しむ
新感覚アイスコーヒー

バーボンウイスキーの樽でエイジングしたコーヒー豆を使用したバレルエイジドコーヒーを水出しで抽出し、ウイスキーの香りを引き出した一杯に。ウイスキーをオン・ザ・ロックで飲むイメージで、注ぎ足しながらゆっくり楽しむことができる。氷が溶けていくにつれ、コーヒーの味わいもまろやかになっていく。バレルエイジドコーヒーには、エイジングしたシロップ「バレルエイジドバニラシロップ」を加えて、甘味とコクのある味わいに仕上げている。

LONGBLACK （COLD）

THE coffee time WEST

香りや酸味が引き立つコーヒー

「アイスコーヒーにした時に一番香りが良く、使用する豆によって良い酸も感じられます」とオーナー＆ロースターの野寺さん。氷水の入ったグラスをエスプレッソマシンの抽出口にセットし、ボトムレスフィルターを使って抽出したエスプレッソ（リストレット）25㎖を直に落とし入れる。エスプレッソでふたをするようなイメージで、香りが残りやすい。取材時の豆はイチゴのようなベリー系のフレーバーが特徴的な「ドミニカ　プリンセサワイニー」を使用。

カフェ・アレキサンダー

寄鷺館
きりょうかん

香り高いカクテルをアレンジした、
大人向けの一杯

カカオリキュール、ブランデー、生クリームのカクテル「アレキサンダー」にコーヒーを加えてアレンジ。すっきりした水出しコーヒーの苦味に、ブランデーの芳ばしい香り、カカオのほろ苦さ、生クリームのまろやかさが絶妙にマッチする。コーヒーの繊細な風味を生かすため、通常のカクテルよりもアルコール類は半量ほどに抑えた。

アイスウインナーコーヒー

珈琲元年 中川本店

ふわふわクリームと
水出しコーヒーで軽やかに

すっきりした飲み口の水出しアイスコーヒーに、ふんわり空気を含ませたエスプーマをたっぷりのせた。軽やかな味わいゆえに、コーヒーを普段飲み慣れない女性客にも好評だ。クリームが徐々にコーヒーに溶けるにつれ、カフェラテのようなコクとマイルドさが増す。コーヒー豆はブラジルとコロンビアを配合したアラビカ種100％の水出しコーヒー専用ブレンドを使用。焙煎度合はフレンチロースト。

<Part 2>

Soda
Arrange

....

爽快なおいしさが楽しめるコーヒートニックやエスプレッソトニック。
ミントや柑橘類を使ったアレンジなども見られるなど、
新タイプのアイスコーヒーとして人気を集めている27品を紹介します。

桃のエチオピアン
エスプレッソソーダ

自家焙煎珈琲 みじんこ

<材料（1杯分）>
エスプレッソ（※1）…1ショット（30ml）
桃ソースA（※2）…20g
桃ソースB（※3）…50g
炭酸水（無糖）…100ml
ヨーグルトアイス…1スクープ
桃…（缶詰）1切れ
ミント…1枝
ブロックアイス…5個〜7個

※1 エスプレッソはダブルショット（60ml）で豆21gを使用。豆はエチオピア。
※2 ピーチソース（モナン）15ml、ピーチシロップ（モナン）5mlを混ぜたもの。
※3 白桃缶100g、ネクターピーチ100ml、ピーチソース（モナン）5ml、ピーチシロップ（モナン）10mlをバーミックスで攪拌したもの。

<作り方>
1. ショットグラスに桃ソースAを入れ、その上にエスプレッソを抽出する。スプーンで混ぜてからグラスに注ぐ。
2. グラスにブロックアイスを入れる。最初に小さめのサイズ、後から大きめのサイズの順で入れる。
3. 別のカップに桃ソースBを入れ、上から炭酸水を注ぎ、スプーンで混ぜる。2の上から静かに注ぐ。
4. ヨーグルトアイス、桃1切れと少量の桃ソースB（分量外）を順にトッピングし、ミントを添える。

キュンと爽やかな
エスプレッソトニック

幅広い世代に人気の桃をテーマに作り、大ヒットしたアレンジアイスコーヒー。コーヒーを飲み慣れない層にもアプローチできた。モナンのピーチソースとシロップで香りを、桃缶とネクターピーチで味わいを出す。柑橘の上質な酸とティーライクな香りを併せ持つエチオピアの豆が、優しい桃とマッチ。

Point

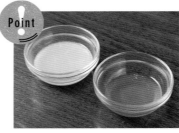

桃ソースA（写真右）と、桃ソースB（写真左）。2種類のソースを使い分けることで、桃らしい味わいと香りを演出。桃ソースBはトッピングにも使用する。

パッション
フルーツの
エスプレッソ
トニック

自家焙煎珈琲 みじんこ

<材料（1杯分）>
エスプレッソ…40㎖（※1）
パッションフルーツソース（モナン）…15㎖
パッションフルーツシロップ（モナン）…5㎖
ブラッドオレンジジュース…40㎖
ブラッドオレンジゼリー（※2）…30g
炭酸水（無糖）…130㎖
オレンジホイップクリーム（※3）…1スクープ
ミント…1枝
ブロックアイス…5個〜7個

※1 エスプレッソはダブルショット（60㎖）で豆
21gを使用。豆はオリジナルブレンドNo.2とエ
チオピアのブレンド。
※2 ブラッドオレンジジュース300㎖を板ゼラチ
ン7.5gで冷やし固め、クラッシュしたもの。
※3 生クリームに1割の砂糖を加え泡立てたホ
イップクリームに、刻んだオレンジピールを混
ぜたもの。

<作り方>

1. カップにエスプレッソ、パッションフ
ルーツソース、パッションフルーツ
シロップを入れ、スプーンで混ぜる。
2. 別のカップにブラッドオレンジ
ジュースとブラッドオレンジゼリー
を入れ、上から炭酸水を注ぎ、スプー
ンでかるく混ぜる。
3. グラスに1とブロックアイスを順に入
れる。ブロックアイスは最初に小さ
めのサイズ、後から大きめのサイズ
の順で入れる。2を注ぐ。
4. オレンジホイップクリームをトッピン
グし、ミントを添える。

Point

上／パッションフ
ルーツソースで甘
味を、パッション
フルーツシロップ
で香りを出し、輪
郭をはっきりさせ
る。ただし加えす
ぎると全体のバラ
ンスが崩れるので
注意。下／最初に
小さなサイズのブ
ロックアイスを3、
4個入れてグラス
の底を埋め、次に
大きなサイズのブ
ロックアイスを入
れると、グラデー
ションがきれいに
仕上がる。

夏の素材を掛け合わせた
トロピカルなゼリードリンク

パッションフルーツとコーヒーの珍しい組合せ。ブラッドオレンジ
ジュースの酸味と甘味が、両者をつなぐ役割をはたす。ゼリーを固め
に仕上げることで食感がアップし、パフェのような満足感だ。エスプ
レッソトニックに興味はあるけれど飲み慣れない、という人に向けた
一杯でもある。

Point

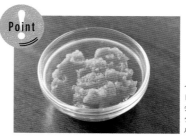

イタリアシシリー島のブラッ
ドオレンジジュースをゼラ
チンで冷やし固め、フォー
クで細かく崩したもの。プ
ルプルの食感が楽しい。

Iced Coffee
34
Soda Arrange

カフェモヒート

CAFFE STRADA

<材料（1杯分）>
エスプレッソ…1ショット（約16㎖、豆は9ｇ使用）
炭酸水（無糖）…180㎖
ミントシロップ…25㎖
キューブアイス…適量
レモンスライス…1枚
ミント…適量

<作り方>
1. グラスにミントシロップを入れ、ミントの葉4枚分ほどをちぎりながら加え、マドラーでつぶすようにする。
2. キューブアイスをグラスの口まで入れ、炭酸水を注ぐ。
3. 抽出したエスプレッソを3回に分けて注ぎ、レモンスライスとミントを飾る。

ミント風味のエスプレッソトニック

バリスタの市原さんがモヒートが大好きで、コーヒーでもアレンジできないか、と開発した。ミントの風味を生かすため、エスプレッソは通常よりもタンピングの圧を弱めにして早めに落とし、サラリと仕上げるのがポイント。ミントは葉をつぶすことで、香りがしっかり出る。

Point

エスプレッソを勢いよく注ぐと炭酸とクレマが反応して泡立ってしまうので、3回に分けてゆっくりと注ぐのがポイント。

エスプレッソプラムトニック

OISEAU COFFEE

<材料（1杯分）>
エスプレッソ（※1）…28㎖
自家製プラムシロップ（※2）…30g
トニックウォーター（フィーバーツリー）
　…140㎖
キューブアイス…適量
ローズマリー…1本

<作り方>
1. 自家製プラムシロップをグラスに注
　ぎ、キューブアイスを入れる。
2. トニックウォーターを静かに注ぐ。
3. エスプレッソをキューブアイスに当
　てるようにして静かに注ぎ、層を作る。
4. ローズマリーを添える。

※1　エスプレッソは豆20gで56㎖を抽出
　し、半量の28㎖を使用。

※2　プラムシロップ
　　<材料（1回の仕込み量）>
　　プラム…1.2kg　粗糖…500g　水…200g
　　レモン汁…10g

　　<作り方>
　　1. プラムは皮を剥き、種を取り除く。
　　2. 鍋にプラム、粗糖、水を加え、30分煮る。
　　3. 仕上げにレモン汁を加える。

プラム、トニック、エスプレッソの
甘酸っぱく爽快な3層ドリンク

無添加のプレミアムトニックウォーターと浅煎りのホンジュラスの豆で作
るエスプレッソトニックに、自家製のプラムシロップを合わせた限定ドリ
ンク。甘酸っぱいプラムシロップに、爽やかな苦味のトニックウォーター、
アプリコットやオレンジを感じるエスプレッソを注いで3層仕立てに。地
元の素材を使ったドリンクで新しいコーヒー体験を届けたいと開発した。

Point

仕上げにローズマリーの清
涼感のある香りを添えるこ
とで、フレーバーの輪郭が
くっきりと浮かび上がる。

シトラス
エスプレッソ
ソーダ

NIYOL COFFEE

<材料（1杯分）>
エスプレッソ…20㎖
ソーダ…110㎖
シトラスシロップ…20㎖
ロックアイス…適量
ドライみかん…1枚

<作り方>
1. エチオピアの浅煎り豆18ｇ
   で、20㎖のエスプレッソを
   抽出する。
2. ロックアイスを入れたグラ
   スにシトラスシロップを入
   れ、ソーダ、エスプレッソ
   を注ぐ。
3. ドライみかん（みかん果実
   の味が生きるよう2週間乾
   燥させたもの）をのせる。

エチオピアコーヒーのフレーバーと
柑橘系シロップが好相性

エスプレッソのクレマと炭酸が合わさることで自然と泡立つ。知人に
特注で作ってもらっているシトラスシロップはレモンや甘夏、みかん
など、さまざまな柑橘を組み合わせているので香り、味わいともに
奥行きがあり、浅煎りのエチオピアコーヒーのフレーバーとも相性が
良い。

Point

シトラスシロップが味わい
の肝。柑橘特有の苦味も
コーヒーとよく合う。

45
Soda Arrange

エスプレッソ
ソーダ

LiLo Coffee Kissa

＜材料（1杯分）＞
エスプレッソ…20㎖（豆は20g使用）
ソーダ…120㎖
自家製ジャム…20g
キューブアイス…適量

＜作り方＞
1. グラスに自家製ジャムを入れる。
2. キューブアイスを入れる。
3. ソーダを注ぐ。
4. 抽出したエスプレッソを静かに注ぐ。

レモンベースの自家製ジャムで
オリジナリティをプラス

エスプレッソをトニックで割るケースは多いが、トニックだと甘さや別の香りが加わることから同店ではソーダを合わせている。フローラルやレモンのフレーバーを持つ「エチオピア ゲシャビレッジ ナチュラル」の浅煎り豆を使用し、これと相性の良いレモンベースの自家製ジャムを加えて味に変化をつけている。

Point

ソーダは、天然素材だけで作られる「能勢ソーダ」を採用。アクセントとしてスパイスを加えても合うという。

エスプレッソオランジータ

LatteArt Junkies RoastingShop

エスプレッソ×オレンジ炭酸
相性抜群で人気沸騰！

エスプレッソトニックからのアレンジメニューで、オレンジ炭酸「ORENGINA」とエスプレッソを合わせ、フレッシュオレンジ、ミントを飾ったドリンク。エスプレッソを、チョコレート感を感じられる味わいに抽出することでバランスを整えている。エスプレッソに使用するコーヒー豆は、ブラジルをベースにエルサルバドル、グアテマラで甘味を強調し、スペシャルティコーヒーのみを使った「ジャンキーズブレンド」を基本に使用。

葡萄のエスプレッソトニック

MAMEBACO

自家製のブドウジュレを使って
エスプレッソトニックにひと工夫

柑橘類を合わせることが多いエスプレッソトニックだが、濃厚なブドウジュースで作るジュレを組み合わせて独自性を訴求する。豆は深煎りのグアテマラをベースにしたエスプレッソブレンドを使用。チョコレートとオレンジ感があり、どっしりとした重ための口当たりが特徴だ。夏限定で7月〜9月末頃まで販売する。

Iced Coffee

48

Soda Arrange

コールドブリュージンジャーエール

ONIYANMA COFFEE&BEER

爽やかな味わいが夏にぴったり

レモンティーのような味わいの「エチオピア ナチュラル」の浅煎りをアイスコーヒーにし、ジンジャーエールで割ったもの。レモンの爽やかさがアクセント。

エスプレッソトニック

CAFE AND HAIR SALON re:verb

トニックウォーター&ライム
すっきりとした酸味で爽やかに

トニックウォーター（120g）にエスプレッソ（ワンショット30g）を注ぎ、ライムのスライスを浮かべた爽やかな味わいのドリンク。コーヒーは主にブレンドを使用。苦味や酸味がバランス良く飲みやすい中煎り、苦さやコク、フルーティー感をしっかり強く感じて飲みごたえがある深煎りなど、同店のどのタイプの豆とも相性の良いアレンジで、その時々で合わせるコーヒーを変えて提供し、味の違いを楽しんでもらう。

エスプレッソトニック

TRUNK COFFEE & CRAFT BEER

スピリッツを加えた、華やかな飲み口

トニックウォーターに、日替わりのエスプレッソを注いで作る夏向けのドリンク。取材時の豆は、パイナップルやマンゴーなどの黄色い果実と、柑橘系の優しい爽やかさを併せ持つ「エチオピア カッファ」。同店では、オレンジビターのスピリッツを3滴ほど加えて提供しており、より華やかな飲み口が楽しめる。

エスプレッソトニック

Goodman Coffee

クリアな2層が夏の日差しに映える！
フレッシュで爽やかな飲み心地

氷を入れたグラスにトニックウォーターを注ぎ、マドラーで混ぜて急冷してからルンゴで抽出したエスプレッソを注ぐ。豆はブラジル、ケニア・マサイなどの中煎りブレンド。トニックウォーターは、フルーティーですっきりとした飲み心地の「神戸居留地」を使用。エスプレッソの酸味を引き出してくれる相性の良さが決め手に。

ESPRESSO TONIC

LIGHT UP COFFEE

トニックウォーターと
エスプレッソの果実味がマッチ

抽出したエスプレッソをトニックウォーターに注いだ、夏期限定ドリンク。比率はエスプレッソ40mℓに対し、トニックウォーター 80mℓ ＋
炭酸水40mℓ。少し炭酸水を加えることでトニックウォーターの柑橘感や甘味を抑え、エスプレッソの風味をより感じやすいようにバランス良
く仕上げている。エスプレッソは、柑橘類の味わいが感じられる華やかなタイプを使用し、相乗効果によって明確な風味をさらに引き立
たせる。

<Part 3>

Milk
Arrange

マイルドな味わいが多くの人に喜ばれるカフェラテやカフェオレ。
チョコレートやキャラメルといった定番に加え、抹茶やスパイスなどを加えて
新しいおいしさや楽しみ方を提案する35品を紹介します。

ストロベリー
カフェラテ
タピオカ

RUDDER COFFEE

<材料（1杯分）>
水出しアイスコーヒー（コロンビア、ブラジルがメインの深煎りブレンド）…60ml
ストロベリーミルク（加糖イチゴピューレと牛乳を混ぜたもの）… 150ml
ブラックタピオカ（茹でてシロップに漬けたもの）…30g
キューブアイス… 適量

<作り方>
1. 水出しアイスコーヒーは、コーヒーの粉1に対して水15の比率で、10時間かけて抽出し、冷やしておく。
2. ブラックタピオカをカップに入れる。
3. ストロベリーミルクを上から注ぎ、キューブアイスを加える。
4. スプーンに伝わせながら、1を注ぐ。

コールドブリュー×タピオカの
トレンドアイスコーヒー！

流行のタピオカドリンクを、コールドブリューでアレンジ。甘いストロベリーミルクにタピオカを加え、甘味と苦味を併せ持つコーヒーで中和する。水出しならではの美しいコーヒーカラーとパステルピンクの組み合わせは、フォトジェニック！タピオカは専門店から仕入れる。

Point !

層がきれいに分かれるよう、コーヒーは丁寧に注ぐ。タピオカの食感を邪魔しないよう、キューブアイスは砕かないでそのまま加える。

Iced Coffee
60
Milk Arrange

グリーンティ ラテプレッソ

LiLo Coffee Kissa

<材料（1杯分）>
エスプレッソ…40㎖（豆は18g 使用）
牛乳…30㎖
水…30㎖
抹茶パウダー…30g
キューブアイス…適量

<作り方>
1. キューブアイスを入れたグラスに、抹茶パウダーを水で溶いたもの注ぐ。
2. 静かに牛乳を注ぐ。
3. 抽出したエスプレッソを静かに注ぐ。

3層のカラーグラデーション 美しい見た目がポイント

抹茶、牛乳、エスプレッソを組み合わせたアレンジアイスコーヒー。コーヒーが主役となるよう、専用のブレンドで淹れるエスプレッソの分量は多めにしつつ、抹茶の風味が薄くならないようなバランスを追求した。

Point !

牛乳とコーヒーは静かに注ぎ入れ、層が崩れないようすばやく提供している。

抹茶ラテ

tokiiro coffee

<材料（1杯分）>
エスプレッソ…20㎖
牛乳…140g～150g
抹茶パウダー…17g
湯（抹茶パウダー用）…10㎖
チョコレートシロップ…適量
キューブアイス…適量
抹茶…少々

<作り方>
1. コロンビアの深煎り豆8.5gを使い、エスプレッソ20㎖を抽出する。
2. グラスに抹茶パウダーを入れて湯を注ぎ、茶せんで点てる。
3. グラスの内側に一周チョコレートシロップを垂らす。
4. キューブアイスと牛乳を入れて、エスプレッソを注ぐ。
5. 抹茶を振る。

鮮やかなグラデーションに流れる
シロップがインパクト大

抹茶パウダー、エスプレッソ、牛乳で作るラテに、チョコレートシロップで動きを加えた看板ドリンク。オリジナルの抹茶パウダーに、苦味のあるエスプレッソを合わせてすっきりとバランスの良い味わいに。グラデーションが表現できるよう、抹茶の発色にもこだわった。

Point !

アレンジドリンク用に開発したオリジナルの抹茶パウダーを使用。フレッシュな風味や香りを生かすため、注文後にグラスの中で一杯分ずつ抹茶を点てる。

62

Milk Arrange

ほうじ茶ラテ

tokiiro coffee

<材料（1杯分）>
エスプレッソ…3㎖
ほうじ茶パウダー…15g
牛乳（ほうじ茶パウダー用）…10g
牛乳…140g～150g
キューブアイス…適量
ほうじ茶パウダー（トッピング用の粒子が細かいもの）…少々

<作り方>
1. コロンビアの深煎り豆8.5gを使い、エスプレッソ20㎖を抽出し、そのうち3㎖を使用する。
2. グラスにほうじ茶パウダーを入れて牛乳を注ぎ、茶せんで空気を含ませながら混ぜる。
3. キューブアイスと牛乳を加え、エスプレッソを注ぎ、トッピング用のほうじ茶パウダーを振る。

風味豊かなほうじ茶ラテに
エスプレッソのビター感がアクセント

オリジナルのほうじ茶パウダーを使ったラテに、エスプレッソを加えてビター感をプラス。ほうじ茶パウダーを溶かす際は、湯ではなく牛乳を使用し、グラスの中で空気を含ませるように茶せんで泡立てることで、クリーミーに仕上がる。

Point

2種類を配合したオリジナルのほうじ茶パウダー。仕上げには、香りが立つよう、より粒子の細かいタイプを使い分ける。

ブラックチャイ

CLAXON CoffeeRoasters

<材料（1杯分）>
エスプレッソ…30㎖（豆は18g使用）
牛乳…110㎖
チャイシロップ…40g
ピンクペッパー…少々
キューブアイス…5個

<作り方>
1. キューブアイスをグラスに入れる。
2. チャイシロップと牛乳を合わせ、軽くスチームしてグラスに注ぐ。
3. 「ダークブレンド」で抽出したエスプレッソを注ぐ。
4. ピンクペッパーを振る。

甘さが苦手な人向けの
新感覚アイスコーヒー

スパイシーなチャイとエスプレッソを組み合わせたアレンジアイスコーヒー。温まらないように短時間スチームしてチャイの表面にミルクの泡の層を作ることで、まろやかな口当たりに。コーヒーとも紅茶とも違い、一種ほうじ茶のような香ばしさもある新感覚のアイスコーヒーだ。

Point

アッサムの紅茶に砂糖と5種のスパイス（パラダイスシード、シナモン、クローブ、カルダモン、ブラックペッパー）を配合してチャイシロップを作っている。

74

アイスカフェモカ

SANTOS COFFEE 椎名町公園前店

<材料（1杯分）>
エスプレッソ…50㎖（豆は17g 使用）
チョコレートシロップ（ダ・ヴィンチ）…5㎖
ヘーゼルナッツシロップ（トラーニ）…10㎖
牛乳…160㎖
キューブアイス…4個〜5個

<作り方>
1. カップにチョコレートシロップ、ヘーゼル
ナッツシロップを加えてスプーンで混ぜ、
エスプレッソを抽出する。
2. グラスにキューブアイスを入れ、牛乳を注ぐ。
3. 2に1を注ぐ。

定番のアイスカフェモカを
ヘーゼルナッツでアレンジ

エスプレッソにチョコレートシロップと牛乳を加えて作るカフェモカ
に、チョコレートシロップと相性の良いヘーゼルナッツシロップを加
えてアレンジ。エスプレッソのビター感にチョコレートの上品な甘さ、
ヘーゼルナッツの香りと後味が加わり、シンプルながらも独自のおい
しさが楽しめる。女性に人気が高い。

Point

エスプレッソやチョコレー
トシロップと相性の良い
ヘーゼルナッツのシロップ
を加えることで、香りと味
の良いアイスカフェモカに。
チョコレートシロップは甘
くなりすぎないように少な
めにしている。

アイス
カフェモカ

OSARU COFFEE

<材料（1杯分）>
エスプレッソ…20㎖（豆はブラジルと
　　ケニアの深煎りブレンドで20g使用）
牛乳…120㎖
チョコレートソース…10g
チョコレートソース（グラス用）…適量
キューブアイス…3個
ココアパウダー…適量

<作り方>
1. エスプレッソ、牛乳、チョコレートソー
　 ス、キューブアイスをミキサーに入
　 れ、しっかり撹拌する。
2. 少量のチョコレートソースをグラス
　 の側面にかけて、1を注ぐ。
3. ココアパウダーを振る。

しっかりと撹拌することで
一体感のあるカフェモカに

エスプレッソ、牛乳、チョコレートソースをミキサーでしっかりと撹
拌して作ることで味がまとまり、一体感のあるカフェモカに仕上げて
いる。ココアパウダーを振ることでほろ苦さが加わり、エスプレッソ
とチョコレートソースの風味をつないでいる。男女を問わず人気を集
めている。

Point

ココアパウダーがエスプ
レッソとチョコレートの風味
をつなぐ他、エスプレッソ
の風味を閉じ込める役割も。

アイスキャラメルラテ

DRIP&DROP COFFEE SUPPLY

SNSでの発信をきっかけに
人気拡大に成功!

キャラメルシロップとミルクの上からエスプレッソ・シングルショットを注ぎ、たっぷりのホイップクリームを重ね、ほろ苦い自家製キャラメルソースとパリパリのカラメルをトッピング。見た目の楽しさからSNSの発信をきっかけに人気を獲得した。現在、蛸薬師店で提供する。その他にも「モカラテ」(アイス・ホット)も格子状のビターチョコなどを使ってアレンジを工夫。

エスプレッソゼリーラテ

OVER COFFEE and Espresso

自家製コーヒーゼリー入りで
口の中の食感が楽しいドリンクに

アイスカフェラテに自家製コーヒーゼリーを浮かべ、フレーバーシロップで風味をつけたドリンク。シロップはフランスの自然派シロップ「1883メゾンルータン」を使用し、キャラメル、ヘーゼルナッツ、チョコレートなど7種類から選べるように。コーヒーゼリーはコク深いエスプレッソを使用し、シロップに負けない存在感を工夫している。

CAFFE LATTE（ICED）

LIGHT UP COFFEE

ほんの少しきび砂糖を加えることでエスプレッソとミルクが調和したラテに

コーヒーの甘さを自然に感じられるように、ほんの少しのきび砂糖をエスプレッソに溶かし加えている。エスプレッソは季節ごとのシングルオリジンで抽出（取材時は「ルワンダ シンビ」で、オレンジや白桃のような繊細な果実味を持ち、紅茶の華やかさとミルクチョコレートの甘い余韻も楽しめるもの）。エスプレッソに合わせて少し深めに焙煎した豆が使われる。

Cardamon Milk Coffee

COFFEE COUNTY Fukuoka

スパイスに負けない豆の個性
エスプレッソの多様性が光る一杯

カルダモンを漬け込んだ自家製シロップとエスプレッソ、ミルクを合わせた人気のアレンジドリンク。取材時のエスプレッソ用の豆は「エチオピア セハイ・セフィラ」。浅煎りの豆とスパイスの相性の良さに驚かされる。豆を個性豊かに焼き上げるからこそ提供できる一杯だ。

ドラフトアイスカフェオレ

Goodman Coffee

ベースはしっかり苦く、
泡とミルクで飲みやすくまろやかに

苦味のあるアイスコーヒーにクリーミーな泡をのせた、同店人気の「ドラフトアイスコーヒー」を、さらにマイルドにしてほしいとリクエストを受けて開発したカフェオレバージョン。ミルク、アイスコーヒー、泡の順で注ぐ3層はSNS映えもする。ストローをさして提供し、混ぜながら好みの味わいに調整して楽しんでもらう。泡は飲み終わり最後まで残るほど濃密だ。豆は深煎りのブレンドを使用。

キャラメルオレ（コクマロブレンド）

NEUTRAL COFFEE

手作りキャラメルソースが
甘すぎない絶妙なビター感を演出

濃い目に抽出したドリップコーヒーに、手作りのキャラメルシロップとミルクを合わせた、女性からの支持が厚いアイスドリンク。キャラメルシロップは、やや焦がし気味に仕上げることで甘すぎず、香ばしい一杯になる。キャラメルシロップ、ミルク、コーヒーの順に静かに注ぎ入れ、きれいな3層の状態に仕上げ、「混ぜてお飲み下さい」とひと言添えて提供する。

カフェオレ・アイランド

珈琲焙煎所 旅の音

トロピカルな風味のコーヒーと
マンゴーの組み合わせが新鮮！

イエロー、ホワイト、ブラウンのカラフルな層が特徴のアイスカフェオレは同店の名物アイスコーヒー。濃厚なマンゴージュース、牛乳、香り豊かなコーヒーを組み合わせることで、フルーティーな味わいを楽しませる。コーヒーはパイナップルの様な明るい果実の風味が特徴という「パプア・ニューギニア　トロピカルマウンテン」を一杯ずつドリップして使用。

杏仁コーヒー

MAMEBACO

杏仁豆腐とエスプレッソで作る
華やかな香りのデザートコーヒー

杏仁豆腐にカスカラシロップをかけ、牛乳、エスプレッソのダブルショットを注いだアレンジアイスコーヒー。コーヒーチェリーで作るカスカラシロップはさらっと軽い甘さで、フルーティーな香りがあり、フローラルな風合いの杏仁豆腐と好相性。シロップがコーヒーと杏仁豆腐という意外な組み合わせをつなげてくれるため、全体がまとまる。混ぜて飲むと最初は香ばしいラテ、後口に杏仁の香りが広がる。

ヘーゼルナッツ カフェモカ

BASKING COFFEE

チョコレートに加えて
ナッツの香ばしさが主張

カフェラテに、ヘーゼルナッツペーストが練り込まれたイタリアの菓子「ジャンドゥーヤ」から作ったチョコレートソースをプラス。ハウスブレンド「スピカ」に使用しているブラジルの豆が持つナッツ感とヘーゼルナッツが好相性な一杯だ。甘さは極力控えているので、後味もすっきりとしている。

COFFEE JELLY MILK COFFEE

THE COFFEE COFFEE COFFEE

香りの強い豆を2種類ブレンド
ミルクと合わせても余韻が残る

デミタスショットで抽出した濃いめのコーヒーに、コーヒーゼリー、ミルクを合わせたデザートドリンク感覚で楽しめるアレンジアイスコーヒー。コーヒーは〝苦味のないエスプレッソ〟というイメージで豆25gを使い50mℓをハンドドリップで抽出する。豆は「エチオピアイルガチェフェ」と「インドネシアマンデリン」の中深煎りのブレンドを使用。風味特性の違う香りの強い豆を掛け合わせることでミルクと合わせても余韻が楽しめる。コーヒーゼリーには、「エチオピアナチュラル」と「インドネシアマンデリントバコ」のブレンドを使用する。

アイスドビーンズコーヒー

Roasted coffee laboratory

自分で注ぐ楽しさと
ビーンズ型の氷で遊び心をプラス

通常使用する2倍量の豆で抽出したコーヒーをビーンズ型に凍らせ、ビーカーにいくつか積み重ねたビジュアル映えのする一杯。スチームで温めたミルクは保温性の高い容器に入れて別添えで提供。ミルクを注ぎ、氷が徐々に溶けていく過程で味に変化が生まれるのも面白い。豆は日によって異なるが主にブレンドを使用。

チョコカプチーノ（アイス）

珈琲元年 中川本店

スイーツ感覚のドリンクに、エスプレッソの風味もしっかり

グラスにミルクとモナンのチョコレートシロップ、氷を入れ、エスプレッソ（シングルショット）を静かに注いで2層仕立てに。マイルドなミルクの風味、カカオのビター感の中に、エスプレッソの酸味や香り、甘味がしっかりと感じられる。トッピングにエスプーマとチョコレートソースをたっぷりのせた、スイーツ感覚も人気。コーヒー豆はブラジルとコロンビアのブレンドをフルシティーローストで、ほど良い苦みとコクを引き出した。

<Part 4>

Shakerato

クリーミーな泡の層とビターなエスプレッソコーヒーが一体となったシェケラート。
なめらかな飲み口と、シロップの甘味が加わった飲みやすさが魅力です。
ひと工夫が光る4品を紹介します。

Iced Coffee

94

Shakerato

エスプレッソ シェケラート

SANTOS COFFEE 椎名町公園前店

作り方を工夫し、絶妙なバランスの
エスプレッソシェケラートを完成

東京・椎名町の『SANTOS COFFEE 椎名町公園前店』を代表する名物アレンジアイスコーヒーが「エスプレッソシェケラート」だ。イタリアでは夏の定番として定着しているエスプレッソベースの冷たいドリンクだが、エスプレッソを日常的に楽しんでほしいと、本場以上のこだわりでシェケラートのおいしさを追求し、ファンを獲得している。

エスプレッソ、キューブアイス、シロップを、電動シェイカーを使って撹拌して作ることで、クリーミーな泡がたっぷりで、エスプレッソの濃厚なうまみと香りが立った絶妙な「エスプレッソ　シェケラート」が完成する。さらに、ミルクが入っているかのようなマイルドな口当たりで、クリーミーな甘さの絶妙なバランスがスイーツ感覚でも楽しめると好評なのだ。また、電動シェイカーを使うことで提供時間や手間をある程度省略できるのも工夫している点だ。

＜材料（1杯分）＞
コーヒー豆（フルシティロースト・極細挽き）
　…17g
エスプレッソ（抽出量）…約20mℓ
ガムシロップ…10mℓ
キューブアイス…2個

＜作り方＞
1. 注文ごとに豆を挽き、一杯17gの粉で約20mℓとエスプレッソを濃厚に抽出する。
2. エスプレッソにガムシロップ、キューブアイスを加えて電動シェイカー（Iwataniミルサー）で撹拌する。
3. キューブアイスごと挽き込んでいき、キューブアイスが少し残る程度で電動シェイカーを止める。
4. ガラスのグラスに注ぐ。

エスプレッソにはスペシャルティコーヒーのアラビカ種の8種類の豆をブレンドし、フルシティローストで焙煎した豆を使用。パカマラ、ブルボン、カツアイなどの品種や、ナチュラル、パルプドナチュラルなどの精製方法の異なる豆を組み合わせ、細かく火力調整して焼き上げることで、しっかり苦味を感じさせつつ、香り豊かで厚みのある味わいを生みだしている。

カフェモカ
シェケラート

presto coffee

＜材料（1杯分）＞
エスプレッソ…30㎖
牛乳…140㎖
チョコレートソース…15g
キューブアイス（シェーク用）…適量
コーヒー豆（トッピング用）…2粒〜3粒

＜作り方＞
1. 中深煎りのブレンド豆14gを使い、エスプレッソ30㎖を抽出する。
2. エスプレッソにチョコレートソースを混ぜて溶かし、牛乳を加える。
3. シェーカーに2とキューブアイスを入れてシェークする。
4. グラスに注ぎ、コーヒー豆を飾る。

シェーカー＆ワイングラスで
カフェモカをカクテル風に演出

イタリアのアイスコーヒー「シェケラート」を、カフェモカでアレンジ。素材を合わせてしっかりとシェーカーで振ることで、エスプレッソ＆チョコレート＆ミルクのマイルドな一体感が味わえる。プラス50円でダブルショットに変更も可能。

! Point

ワイングラスに注いで提供する。グラスの口がすぼんでいるため香りが逃げづらく、口に近づけた際にふわりと香る。

96

マサラ・シェケラート

CITADEL

<材料（1杯分）>
エスプレッソ…20㎖
アールグレイミルクティー…30㎖
ジンジャーシロップ…15㎖
生搾りレモン果汁…5㎖
ラズベリーシロップ…5㎖
ロックアイス…適量
八角…1個

<作り方>
1. 冷やしておいたエスプレッソ、アールグレイミルクティー（牛乳に茶葉を入れ、冷蔵庫で24時間かけて抽出したもの）、ジンジャーシロップ、生搾りレモン果汁、ラズベリーシロップをシェーカーに入れ、ロックアイスと一緒にシェークする。
2. ショートカクテルグラスに注ぐ際は、より口当たりをなめらかにするため茶こしなどを通して注ぐ。
3. 表面に香り付けとビジュアルを引き立てる八角を添える。

紅茶とエスプレッソを
スパイスが結びつける

エスプレッソとアールグレイミルクティーがベース。ジンジャーと複雑なスパイスの香りが、ベースとなる2つのドリンクをより融和させ、味わいに一体感を持たせる。一方で、少量入れるレモン果汁の酸味、ラズベリーシロップのフレーバーがアクセントに。

Point

長時間低温抽出したアールグレイミルクティーと、シナモン、カルダモン、クローブなど8種のスパイスを入れて作った自家製ジンジャーシロップが味わいの肝。

カフェシェケラート

RUDDER COFFEE

＜材料（1杯分）＞
ドリップコーヒー…90㎖（浅煎りの
ケニア キニャリ エステート）
キューブアイス…適量
自家製シロップ…15㎖（アカシアハ
チミツ・きび砂糖・湯を同量ずつ
混ぜ合わせたもの）

＜作り方＞
1. ドリップコーヒーは、コーヒーの
   粉1に対して注ぐ湯量10の比率
   で抽出する。
2. シェーカーに、1と自家製シロッ
   プ、キューブアイスを入れる。
3. 全体がよく混ざり、冷えるまで、
   シェーカーを30回前後振る。
4. 冷たいグラスに液体のみ注ぐ。

ドリップコーヒーで作る
レモンティーのようなシェケラート

通常シェケラートはエスプレッソを使うが、フルーティーなドリップ
コーヒーでアレンジ。レモンのような酸味が特徴のコーヒーと、やわ
らかな甘味のシロップが合わさることで爽やかな味わいに。コーヒー
は91℃前後の湯で、粉を少し撹ざりしながら抽出すると、フレーバーが
出る。

Point

スナップをきかせてシェー
クすることで空気を抱き込
み、カプチーノのようにク
リーミーな泡が生まれる。

<Part 5>

Frozen
Arrange

グラニータやシェイクといったフローズンタイプをはじめ、
アイスクリームをのせたフロートはスイーツ感覚で楽しめるのが魅力です。
大人にも子どもにも喜ばれる人気の20品を紹介します。

エスプレッソ グラニータ

SANTOS COFFEE 椎名町公園前店

エスプレッソの香りとビターな味わいで
男女を問わず人気のフローズンドリンク

東京・椎名町の『SANTOS COFFEE 椎名町公園前店』のアレンジアイスコーヒーの中で、夏場に一番人気のある商品がフローズンドリンクの「エスプレッソ グラニータ」だ。エスプレッソのアレンジバージョンの一つとして2016年から提供を始め、男女を問わず人気を集めている。

同店の「エスプレッソ グラニータ」の魅力は、飲んだ時にエスプレッソの香りとビターな味わいをしっかりと感じられるところ。そのために17gの粉で濃厚なエスプレッソを50ml抽出して味わいが薄まらないようにしている。

また、ガムシロップは甘味があっさりしたタイプのものを選んでおり、エスプレッソが主役のアレンジアイスコーヒーに仕上げている。

<材料（1杯分）>
コーヒー豆（フルシティロースト・極細挽き）
　…17g
エスプレッソ（抽出量）…50ml
牛乳…40ml
ガムシロップ…10ml
キューブアイス…6個

<作り方>
1. 注文ごとに豆を挽き、一杯17gの粉で50mlのエスプレッソを抽出する。
2. 電動シェイカー（Iwatani ミルサー）の容器にキューブアイス、牛乳、ガムシロップ、エスプレッソを加え、撹拌する。
3. 氷の粒がなくなり、なめらかになるまで撹拌し、電動シェイカーを止める。
4. ガラスのグラスに注ぐ。

＊エスプレッソの量を少なめにしてほしいと要望があった場合は、17gの粉で25mlのエスプレッソを抽出し、牛乳を75mlに増やしてガムシロップとキューブアイスの量は変えずに作る。

ラッキーアポロ
シェイク

NIYOL COFFEE

<材料（1杯分）>
エスプレッソ…10㎖
牛乳…100㎖
ホワイトチョコレートソース…20㎖
イチゴ…約100ｇ
ロックアイス…70ｇ程度
ビターチョコレートソース…適量
ホイップクリーム…適量
ココアパウダー…適量

<作り方>
1. 深煎りのエルサルバドル18ｇで、20㎖のエスプレッソを抽出する（※実際に使用するのは10㎖）。
2. ミキサーにエスプレッソ、牛乳、ホワイトチョコレートソース、イチゴ、ロックアイスを入れて、しっかり攪拌する。
3. グラスの内側にビターチョコレートソースを回しかけ、2を注ぐ。
4. ホイップクリームをのせ、ココアパウダーをかける。

フローズンモカから派生した
フルーツ入りの映えるドリンク

牛乳やホワイトチョコレートソースと合わせるため、エスプレッソに使用する豆はビター感が強い深煎りの「エルサルバドル」を採用。イチゴはフレッシュなものを厳選することで、すっきりとした甘さの一杯に仕上げる。ひと口目はイチゴのフレーバーが広がり、後味にコーヒーの余韻が残る。

Point

レギュラーメニューの「フローズンモカ」から派生したドリンク。合わせるフルーツはイチゴ以外にも、バナナやブルーベリーなどアレンジが可能だ。

エスプレッソバナナモカシェイク

ONIYANMA COFFEE&BEER

完熟バナナの甘味が際立つ
人気NO・1シェイク

相性抜群のチョコレートとバナナにエスプレッソを合わせ、ほんのり大人の味わいに。完熟バナナの甘味がポイント。

フローズンエスプレッソ

Coffee stand seed village

スイーツ感覚で味わえる
夏の限定コーヒー

6月〜9月の4ヵ月にわたり提供。チョコアイス、ミルク、エスプレッソ・シングルショット、氷をミキシングし、上にクラッシュしたチョコレートを飾る。シンプルなアレンジコーヒーだが、甘さを極力控え、氷のジャリジャリ感を残すようにミキシングするなど、男性にも好まれる味わい、口当たり、ひんやり感を目指した。

チョコクランチカフェフラッペ

Bun Coffee Byron Bay

ダブルショットでコーヒー感を
際立たせる大人味のフラッペ

ミルク、ピュアココア、ダークチョコレート、甘味づけのカラメルソース、エスプレッソを使用した夏季限定のアレンジドリンク。コーヒー
豆は力強くパンチの効いたブラジルベースのブレンド（深煎り）を使用。コーヒー感を際立たせるため、エスプレッソはダブルショットで抽出。
シャリッと涼しげな口当たりの中に、チョコレートのパリパリ感やホイップのふわふわ感が重なる。ミルクはプラス50円で豆乳にも変更可能。

ドリンキング アフォガート

Saredo Coffee

コーヒーをデザートに表現する
アイデアで幅広い客層に人気！

デザート感覚で楽しめるアレンジアイスコーヒーにすることで若い世代のお客がおいしいコーヒーを楽しめるドリンクに。グラスにバニラアイス、牛乳、エスプレッソを加え、仕上げにコーヒーグラニータをのせて提供する。コーヒーグラニータはネルドリップで抽出したコロンビア産の深煎りのスペシャルティコーヒーで作るアイスコーヒーリキッドを使用。エスプレッソに使う豆はブラジル、コロンビア、グアテマラ、インドネシアの深煎りのブレンド。濃厚なコクと心地よい苦味、甘さに負けない力強さが特徴で牛乳との相性も良い。

アイスカフェラテフロート

LatteArt Junkies RoastingShop

アイスクリームが選べる楽しさ
コーヒーとの相性を考えて
バリエーション豊かに展開

「コーヒーの楽しさをさらに広げたい」と、アイスクリームメーカーを導入し、数種類のアイスクリームから選べるようにしたカフェラテフロート。自家焙煎コーヒーで作る数種類のコーヒーアイスをはじめ、コーヒーと相性の良いラムレーズンやオレンジピール入りのコーヒーアイスなどバリエーションを用意しているので、色々な組み合わせが楽しめる。コーヒー感がしっかりと味わえるように、アイスは甘さ控えめに。

シャリヒヤ

CAFÉ FAÇON ROASTER ATELIER

シャリシャリの食感が魅力の
フローズンコーヒー

「エチオピア イルガチェフェ ナチュラル」のコーヒーで作るグラニテとアイスコーヒーを組み合わせ、バニラアイスとホイップクリーム、ミントをトッピング。シャリシャリの食感とデザート感覚で楽しめるフローズンコーヒーで若い世代や子ども客の人気を集める。コーヒーのグラニテを使うことで最後までコーヒーが薄まらないおいしさを工夫。グラニテにはシティーローストの豆を、アイスコーヒーにはフレンチローストの豆を使い、それぞれペーパードリップし、仕込んでおく。7月〜8月に提供する。

<Part 6>

Coffee
Mocktail

ノンアルコールのお洒落なドリンクであるモクテル。
味の複層性だけでなく、カクテルを飲んでいるかのように楽しめ、非日常の魅力があります。
新しさと特別感のあるコーヒーモクテル6品を紹介します。

Iced Coffee

118

Coffee Mocktail

Café POD

Knopp

134

コーヒー＝フルーツを表現した
トロピカルな果実感のある一杯

アップルシナモンのようなフルーツフレーバーの豆に、アップルの風味があるカカオパルプ、シナモン、レモンをプラス。

〝コーヒーはフルーツである〟ことを表現したトロピカルジュースのような果実感のあるコーヒーモクテルだ。

<材料（1杯分）>
カカオパルプ…30㎖
カカオハニー…15㎖
シナモンパウダー…少々
レモンジュース…1bsp
エスプレッソ（コスタリカ エルディアマンテ）…
　30㎖
クラッシュアイス…適量
炭酸水…60㎖
スイートバジル…適量

<作り方>
1. シェーカーにカカオパルプ、カカオハニー、シナモンパウダーを入れ粉っぽさがなくなるまで混ぜる。
2. レモンジュース、エスプレッソを加えてさらに混ぜる。
3. カカオの鞘にクラッシュアイスを入れ、2を注ぐ。
4. 炭酸水を注ぎ、全体を軽く混ぜ合わせる。
5. スイートバジルを飾る。

Point
カカオハニーにシナモンを練り込むようにしっかり混ぜ合わせると、その後に入れる液体とのマッチングが高まる。

SUICA COFFEE

Knopp

コーヒーとヴィネガーをシェイク！
甘味、酸味、華やかな香りを楽しませる

酸味と甘味のバランスが良く、ジューシーな桃やオレンジを感じるコーヒーを使用。ヴィネガーと合わせてシェイクするこ とで生まれるのは、特段になめらかな泡。甘味と酸味が混ざり合ったクリーミーな飲み口のなかに、華やかな香りがある。

<材料（1杯分）>
エスプレッソ（ホンジュラス ネルソン）…60㎖
フルーツビネガー（※1）…40㎖
ブロックアイス…適量
ぶどう（トンプソン）…適量

<作り方>
1. ボストンシェーカーにエスプレッソ、フルーツビ
　 ネガー、ブロックアイスを加える。
2. シェイクする。
3. 濾しながらグラスに注ぎ、ぶどうを飾る。

※1　フルーツビネガー
　 <材料>
　 黒酢…大さじ3
　 レモンハチミツ…大さじ3
　 ぶどう（トンプソン）…15粒
　 エルダーフラワー…2g

<作り方>
1. 鍋に黒酢、レモンハチミツ、ぶどうを入れて火にかけ、
　 ぶどうをつぶす。
2. 火を止め、エルダーフラワーを加えて混ぜ、冷蔵庫
　 で冷やした後に濾す。

Point 空気を含ませるようにシェイクすると甘味、酸味、エスプレッソが一体化する。

Shop
Information

....

掲載店50店

 東京・代官山
49 CAFÉ FAÇON ROASTER ATELIER（カフェ ファソン ロースター アトリエ）

中目黒の『CAFÉ FAÇON』の姉妹店として2014年に代官山にオープン。
1階に焙煎所を併設するロースタリーカフェで、2階にエスプレッソマシン
を置いてコーヒーを抽出し、3階のイートインスペースでコーヒーを楽しん
でもらう。エスプレッソドリンクを中心に提供し、日常の気軽な利用を掴ん
でいる。近隣に『CAFÉ FAÇON COFFEE STAND』も展開する。

■住所：東京都渋谷区代官山町10-1
■TEL：03（6416）5858
■営業時間：10時〜19時　　　　　　■定休日：不定休
■坪数・席数：21坪・10席
■客単価：1100円〜1200円

大阪・南船場
50 Knopp（クノップ）

スペシャルティコーヒーとフルーツ、ハーブで作るミクソロジードリンクが
主役の「ミクソロジーカフェ」として2013年にオープン。SCAJが主催す
るコーヒーカクテルの大会「JCIGSC（ジャパン コーヒー イン グッド スピ
リッツ チャンピオンシップ）2018」で準優勝を飾ったオーナーの塚田奈央
さんの創作ドリンクやカクテルを楽しめる。

■住所：大阪府大阪市中央区南船場1-12-27
■TEL：06（6227）8111　　　　　■営業時間：11時30分〜23時
■定休日：日曜　　　　　　　　　　■坪数・席数：21坪・30席
■客単価：昼900円、夜1500円
■URL：http://knopp.jp/

Arrange&Creative Iced Coffee

アレンジ＆クリエイティブ

アイスコーヒー

名店・人気店のレシピとニュースタンダード123品

発行日　2020年4月24日　初版発行

編者　旭屋出版 CAFERES 編集部（あさひやしゅっぱんカフェレスへんしゅうぶ）

発行者　早嶋茂

制作者　永瀬正人

発行所　株式会社　旭屋出版
　　　　〒160-0005　東京都新宿区愛住町23番地2　ベルックス新宿ビルⅡ6階
　　　　郵便振替　00150-1-19572
　　　　TEL：03-5369-6423（販売部）
　　　　　　　03-5369-6424（編集部）
　　　　　　　03-5369-6422（広告部）
　　　　FAX：03-5369-6431（販売部）
　　　　ホームページ　https://asahiya-jp.com/

デザイン／1108GRAPHICS

撮影／後藤弘行　曽我浩一郎（旭屋出版）　田中慶　花田真知子　太田昌宏（スタジオアッシュ）　ふるさとあやの　合田慎二
　　　川井裕一郎　東谷幸一　香西ジュン　戸高慶一郎　寺島博美　片桐圭　是枝右恭

取材／渡部和泉　稲葉友子　中西沙織　西倫世　田中恵子　江川知里　諫山力　矢代真紀　土橋健司

編集／北浦岳朗　黒澤あすか

編集協力／大畑加代子

印刷・製本　株式会社シナノパブリッシングプレス